Réserve

3668

EPISTRE

CONTENANT LE
PROCES CRIMINEL
FAICT A L'ENCONTRE
DE LA ROYNE
ANNE BOVLLANT
D'ANGLETERRE.

PAR CARLES AVLMOSNIER
DE MONSIEVR LE
DAVLPHIN.

On les vend a Lyon, pres nostre
Dame de Confort.

D. XLV.

EPISTRE
DE LA ROYNE
D'ANGLETERRE.

Es cas nouueaulx, & choses merueilleuses
Tristes aux vngs, & aux aul-
tres ioyeuses
Qu'aduenuës sont en ce loin-
tain pays
Ont nos espritz tellemēt es-
bahiz
Que tousiours suis en pensée profonde,
Et si auant a contempler me fonde
Ce que mon œil me contrainct regarder
Que ie ne puis mon esprit engarder
Ne de ses cas estranges diuertir
Pour les escripre, & vous en aduertir.
Mais ie vouldroys que les nouuelles feussent
Telles, que point de fascherie n'eussent
Et que le ieu du triste acheuement
Fust respondant a son commancement.
Certes ie croy qu'en auriez grand desplaisir
Mais bien sçauez qu'on ne sçauroit choisir
Aulcun plaisir en ce monde muable
Qui longuement y puisse estre durable
Car toute chose en sa mutation
D'une aultre faict la generation

Et plus souuent produict effect contraire
Comme en ce cas pourrez auoir veu faire
Qui de ioyeuse, & belle comedie
Fut conuerty en triste tragedie
I'en escripray ce que i'ay entendu
Par les raisons que plusieurs m'ont rendu.
Puis Monseigneur, ce que i'ay retenu
Depuis le temps que ie suis icy venu
Je l'escripray en vers mal composez
Pource que myeulx my semblent disposez
Et que par eulx moins grief vous pourroit estre
Le longs discours de ma fascheuse lettre
N'estimant point que de ceste escripture
Aultre que vous en face la lecture
Qui bien sçaurez par vostre humanité
En ce couurir mon imbecillité.
  Or Monseigneur, ie croy que bien sçauez
Et de long temps la cognoissance auez

Anne Boullant. Que Anne Boullant premierement sortit
De ce pays quand Marie en partit
Marie d'Angle= terre, roy= ne de Frā= ce, mariée au Roy Loys xij. Pour s'en aller trouuer le Roy en France
Pour accomplir des deux Roys l'aliance.
En ce temps la Boullant, qui ieune estoit
Venuë en France, saigement escoutoit
Dames d'honneur s'efforçant d'inciter
Tous ses espritz a bien les imiter
Et employa ses sens de tel couraige
Qu'a peu de temps elle apprint le langaige
Apres que fut Marie reuenuë
En ce pays, elle fut retenuë

D'ANGLETERRE.

Par Claude qui puis apres succeda
Ou tellement ses graces amenda
Que ne l'eussiez oncques iugée Angloise
En ses façons, mais née fine Françoise:
Elle sçauoit bien chanter, & dancer
Et ses propos saigement adiancer
Sonner de lucz, & daultres instrumens
Pour diuertir les tristes pensemens,
Oultre ses biens, & graces tant exquises
Qu'auoit en France heureusement acquises
Elle estoit belle, & de taille elegante
Estoit des yeulx au cheoir plus attirante
Lesquelz sçauoit bien conduire a propoz
En les tenant quelque fois a repoz
Aulcunesfois enuoioyent en messaige
Porter du cœur le secret tesmoignage:
Et pour certain telle estoit leur puissance
Que moins rendoit en son obeissance.
Estant aussi de tant de biens remplie
D'honnesteté, & graces accomplie.
Si tost que fut retournée en ces lieux
Elle employa la force de ses yeulx
Et son regard vint en si hault lieu mettre
Qu'en peu de temps elle pleut a son maistre.
  O que tenuë elle estoit a l'honneur
De France, qui luy causoit ce bon heur:
O quel honneur, quelle obligation
Elle debuoit à la perfection
De ceulx de qui elle apprint tant de biens
Qui l'ont depuis faicte Royne des siens

Claude &
France,
Royne d
France.

Heureuse estoit, mais encor' plus heureuse
S'elle eust suiuy la voye vertueuse
Et du chemin eust bien tenu l'adresse
Que luy monstroit sa prudente Maistresse:
Mais les honneurs, & grans exaulsemens
Changent souuent les bons entendemens,
Et plusieurs fois attirent la nature
Le changement de bonne nourriture:
Mesmement, quant d'une subiection
Soubdain on vient en domination.
   Or vous diray ce que luy en aduint
Premierement tant amoureux deuint
D'elle le Roy son maistre, qui la meist
En plus hault lieu, que onc aultre ne feist:
Et pour l'aduance du Compté l'honnora
Du Marquisat apres la decora
En la faisant comme Royne obeyr
Et de tous biens a son souhait iouyr.
Il ne suffist, car ne voulut laisser
Vng poinct d'honneur, qui la peust aduancer:
Et mesmement que fust assez grand Dame
Il la feist Royne, & la print pour sa femme
L'an trente troys la premiere iournée
Du moys de May, elle fut Coronnée
Aux lieux qui sont pour cest acte ordonnez
Les grands Seigneurs du pays assignez
Pour se trouuer feirent de leur presence
A la Princesse honneur, & reuerence,
Et n'eussent sceu en faire dauantaige
S'el' eust esté de Royal parentaige.

D'ANGLETERRE.

L'inuention des Maistres, & Meilhors
Petitz & grands bien apparut alors
Car les espritz des Angloys n'eurent cesse
Pour honnorer la nouuelle Princesse
Non qu'il leur pleust, ainsi comme ie croy
Mais pour complaire au vouloir de leur Roy.
Dances & ieulx de diuers appareil
Chasses & boys de plaisir non pareil
Excercitoient Dames, & Damoyselles,
Plusieurs tournays entreprenoient pour elles
Chascun mettoit sur la cuisse la Lance
On combatoit a l'espée a oultrance:
Finablement tous plaisirs excercisses
Et tous esbatz leur estoient lors propices.
  Oultre ces beaulx, & ioyeulx passetemps
Tous se rendoient fort soigneux, & attens
A bien seruir leur nouuelle maistresse:
Mesmes le Roy par gracieuse adresse
En gros honneur souuent l'entretenoit,
Et maintz propos gratieux luy tenoit:
Non comme Roy, ou Seigneur, ou Mary,
Mais desirant d'estre d'elle chery
Diuertissoit l'ennuyeuse pensée,
Ou l'appaisoit s'elle estoit offensée
Et ne tachant qu'en tout luy satiffaire.
Tous les moyens cerchoit de luy complaire,
Il colloca aux lieux plus apparens
De ses estatz ses principaulx parens,
Et de faueur telle enuers elle vsa
Que pour iamais rien ne luy refusa:

a 4

Pour augmenter si grand prosperité
Dieu luy donna celle felicité
Qu'en peu de temps vne fille conceupt
Dont en espoir tresgrand aise en receut
Cuidant que fust vng gaige d'asseurance
De l'amytié,& certaine esperance
Pour l'aduenir d'ainsi continuer
Quant commença a sentir remuer
Les petitz piedz,& qu'elle se veit prinse.
 O qu'elle estoit bien saigement apprinse
De bien se plaindre,& faire la dolente
En voix piteuse,& parolle tremblante
Pour demonstrer la douleur qu'elle auoit.
 O quel ennuy le Roy en recepuoit
De veoir sa mie en si piteuse sorte
Ie croy qu'il eust voulu sa fille morte
Mais qu'elle en fust deliurée sans torment
Tant la faisoit traicter soigneusement
Se trauailler d'entendre son enuie
Qu'il n'eust tant faict pour conseruer sa vie.
 Or pensez donc puis que le Roy luy mesme
Estoit en doueil,& soulcy tant extreme
Si vng chascun s'efforçoit de trouuer
Mille moyens pour plaisir recouurer
Estant venu le terme desiré
Tellement eust le couraige asseuré
Qu'a grand trauail sans paour se dispose
Dieu ses souhaitz en ce fauorisa
Car elle feist sans extreme douleur
Vng bel enfant de naysue couleur

Et

D'ANGLETERRE.

Et de ses traictz bien ressemblant au pere
Mieulx pour certain qu'a la Royne sa mere
Fille estoit elle belle en perfection
Et de visaige, & de proportion
Tant qu'on iugeoit des Astres l'influence.
Fauoriser du tout a sa naissance.
De vous compter la sumptuosité
De son Baptesme, & grand solennité
Il n'est besoing, car prolixe sera
Ce long discours parquoy me suffira
Vous dire icy, que tant estoit exquis
Tant l'appareil, que rien ny fut requis
Dame Ysabeau, Marquise de Pester
Qui bien vouloit de cecy s'exempter
Marraine fut pour au Roy ne desplaire
Et eut le Duc de Norfort pour compere
Ysabeau Daire au Baptesme nommée
Fut en tous lieux Princesse renommée
Et par le grand parlement d'Angleterre
A prins le Roy Dame de ceste terre
Et seulle fut declarée heritiere
Contre le droit de la fille premiere
Continuant sa suprime puissance
Ce parlement feist vne aultre ordonnance
Ou exempta le Prince de Hglise
Pour mieulx mener a fin son entreprinse
Pource que point le Pape n'accordoit
A son vouloir, mais tousiours pretendoit
Que ce seroit iniustice, & oultraige
Contreuenir au premier mariage

b

Puis ordonna que le Roy seroit chef
De son Eglise, & que pareil meschef
Seroit venir contre l'auctorité
Que delinquer en lese maiesté
Ce que despuis fut monstré par effect:
Car pugny fut Maurus par ce messaict
Et cinq Chartreulx mesprisant leurs esdictz
Tous vifz ouuerts seulement estourdiz.

 Le peuple esmeu de veoir la nouueaulté
De ceste grande, & dure cruaulté
En murmurant de ce faict diuisoit
Et plus souuent la Royne Anne accusoit
D'auoir esté cause d'ung tel erreur
Pour comprimer du peuple la fureur
Le Roy voulut, que qui mesdiroit d'elle
Seroit pugny d'une peine mortelle
Donc close fut la bouche aux mesdisans
Qui bien estoient en nombre suffisant
En vng besoing pour remplir vne armée
Elle fut lors de tous crainste & aymée
Car qui sçauoit ce qu'on ne doibt celer
Contraict estoit de le dissimuler
Telle estoit lors la perfaicte fiance
Qu'auoit le Roy en sa grande prudence.
Pendant ce temps la Royne Catherine
Seulle viuoit supportant la ruyne
De son estat le plus patiemment
Que permettoit l'humain entendement
Et tant estoit de tous honneurs priuée
Qu'elle viuoit comme femme priuée

Mais qui des maulx siens estoit le plus fort
On separa d'elle tout son confort,
Sa fille vnique en sa saige ieunesse
Le seul repos de sa triste vieillesse
Le maternel cœur ne sceut longuement
Porter l'ennuy de son eslongnement
Qui par langueur tellement la mina
Qu'en peu de temps à la mort la mena.
Sa fille alors qui seulle ainsi viuoit
En son esprit grand patience auoit
Et mesprisoit sa fortune contraire
Comme se fust vng bien petit affaire
Et tellement s'asseuroit auec Dieu
Qu'ennuy ne dueil en son cœur auoit lieu
Mesmement quant on dict que trespassée
Sa mere estoit n'en troubla sa pensée,
Mais louoyt Dieu, & s'extimoit heureuse
Qu'elle estoit hors de la vie doloreuse
Pour recepuoir le certain refrigere
Et viure mieulx ou celeste repaire
Souuant vacquoit en diuines leçons
Souuant cerchoit des instrumens les sons
Ou s'occupoit a faire quelque ouuraige
Ou apprenoit quelque estrange langage.
Cecy ne dictz pour ses perfections
Mais pour monstrer ses occupations
Car ses biens sont de tous tant extimez
Qu'en les voyant ilz seroient reprouuez
Ainsi passoit patiemment ses iours
Mettant en Dieu l'espoir de son secours

Et ce pendant la Royne florissoit
En son vouloir en soy accomplissoit
Ayant loysir, moyen, & liberté
A son souhait prendre sa volupté
Elle pouuoit aller en toute part
En compaignie, ou bien seulle a l'escart,
Et si elle estoit par fortune saisie
De quelque amour de personne choisie
Il y estoit entierement permis
A son plaisir de traicter ses amys
Par le moyen de sa grande licence
Que luy donnoit la publique defense
Que nul n'ausast sur peine de martyre
Alcunement de la Royne mesdire
Mais celle Loy n'eut pouuoir d'asseurer
Que l'amytié peut longuement durer
Car par le temps elle s'amoindrissoit
Le Roy de sa premiere affection
Ie n'en sçaurois dire l'occasion
Si ce n'estoit par la raison commune
De l'inconstance, & muable fortune
Ce que Dieu veult nous monstre plus souuent
Que grands hôneurs, & biens ne sont que vent
Lesquelz donne a ceulx qui veult pugnir
De leurs meffaictz pour les faire venir
D'ung grand plaisir apres a grand souffrance
Comme voyez icy l'experience.
 Mais dire veulx les diuers accidens
Qui demonstroient presaiges euidans
De la fortune, & malheur aduenir:

Car souuent Dieu pour faire reuenir
Vng grand pecheur au fruict de penitence
Et luy donner quelque recognoissance
Permeſt qu'il tombe au peril de sa vie:
Et ſi tant eſt la personne aſseruie
A son peché, que pour pugnition
De Dieu n'en veult faire correction
Et que touſiours en ſes vices empire
Dieu monſtre alors la fureur de son yre
Et recepuoir luy faict honteuſement
De ſes meſfaictz le dernier payement.
Ainſi aduint que par deux, ou troys ſignes
Que la Royne eut merueilleux & inſignes
Se trouua fort en ſon eſprit confuſe
Le prouuer fut par flamme furieuſe
Qui ſoubdain l'euſt en ſa chambre ſurprinſe
Si ne fuſt vng qui promptement s'aduiſe
De l'exempter du feu qui ſe prenoit
Deſia au lieu ou elle ſe tenoit
Tellement, que ſi lors n'en fut partie
Iamais de feu ne ſe fuſt garentie
Vng temps apres vng enfant luy croiſſoit
Dedans le ventre, & fort s'eſiouyſſoit
Plus que iamais eſtant reconfortée
Prenant eſpoir du fruict de sa portée.

 Adonc le Roy s'en allant à la chaſſe
Cheut de cheual rudement en la place
Dont l'on cuidoit que par ceſte aduenture
Il deuſt payer le tribut de nature.
 Quand la Royne eut la nouuelle entenduë

Peu s'en failloit que ne cheut estanduë
Morte dennuy tant que fort offensa
Son ventre plein, & le fruict aduança
Et enfanta vng beau filz auant terme
Qui nasquit mort dont versa mainte larme
Mais pour peril ne perturbation
Ne delaissa la conuersation
De sa premiere & mauluaise coustume
Et comme vng feu qui peu a peu s'allume
Vient en la fin de si grande rigueur
A demonstrer l'effect de sa vigueur
Aussi le mal dont estoit entachée
Et la malice en son esprit cachée
Tousiours croissant en si grand degré monte
Qu'elle en rendit euidente la honte
A son malheur & grand confusion
Comme en verrez la disposition.
Vng des Seigneurs du Conseil plus estroit
Voyant sa sœur, qui mainctz signes faisoit
D'aymer aulcuns par amour deshonneste
Par bon Conseil fraternel l'admoneste
Qu'elle acqueroit vne honteuse fame
De mal viuante, & impudicque femme
Et grandement son honneur blesseroit
Si de peché tost ne se retiroit.
Adonc voyant cogneuë son offense
Ie cognois bien dist elle que l'on pense
Que i'ay faulsé de loyaulté les droictz
Le vous nyer mon frere Ie vouldrois
Mais on veoit bien vne petite faulte

En moy laissant vne beaucoup plus haulte
Qui porte effect de plus grand preiudice
Et s'il failloit que du tout ie vous disse
Vous cognoistriez que moins de seureté
Y a vne plus on pense loyaulté,
Mais vous messieurs iugez les columbeaulx
Et pardonnez aux infames Corbeaulx
Ainsi vouloit ses faultes admortir
Par ses pechez en aultre conuertir
Pensant qui mal plus grand effaceroit
Vng plus petit quand declaré seroit
Et commença asseurer son excuse
En luy disant que la plus malheureuse
Qui oncques femme dessoubz les cieulx
Estoit la Royne, & pour le sçauoir mieulx
Si n'en voulez mon asseurance croyre
De Marc sçaurez, dist elle cest hystoire
Mais ie ne veulx oublier a vous dire
Vng poinct de tous qui me semble le pire
C'est que souuent son frere est auec elle
Dedans son lict accointance charnelle
Du demourant Marc vous en comptera
Et le discours de sa vie sera.

 Le frere apres auoir bien escouté
Ce dont iamais il ne se fust doubté
Tant se troubla de ses propos entendre
Qu'il ne sçauoit quel conseil debuoit prendre
Car d'une part s'il faisoit ce rapport
Au Roy, & qu'il ne conduist a bon port
Tous les effectz les premieres entreprinses

Il se liuroit aux grands peines que mises
Aux mesdisans par la Loy arrestée
Que ie vous ay cy dauant recitée
S'il se taisoit le debuoir l'assailloit
Qu'enuers le Roy desloyaulment failloit
Et si par temps on s'en fust apperceu
Croyez qu'il eust la mort aussi receu.
Parquoy voulant satiffaire au debuoir
Delibera de le faire a sçauoir
A deux amys des plus fauorisez
Du Roy, affin que mieulx authorisez
Fussent ensemble, & que plus de creance
Receut des troys que d'ung seul l'asseurance
Ainsi vng iour que l'opportunité
Estoit duisante a leur commodité
Les deux presens l'ung pour tous prononça
Et saigement ce propos commença.
 Si ce n'estoit, SIRE, que vous nous estes
Beaucoup plus cher que nos biens, & nos bestes
Et qu'auons plus a recommendation
De vostre honneur la conseruation
Que ne craignons la rigueur du torment
Qui ordonné fut par le parlement
Iamais n'eussions prinse la hardiesse
Vous declarer ce que vostre honneur presse
Tant que vouldrions tous troys plus tost morir
Que n'entreprendre a ce vous secourir
Sire ce cas que vostre maiesté touche
Est si auant que vous seroit reproche
Si ny mettez de bonne heure remedde

Au

Au parauant que plus oultre procedde
Et que plus est cecy crainte nous donne
D'ung grand dangier touchant vostre personne
Celle a qui tant auez faict d'honneur SIRE
Qui luy deburoit par raison bien suffire
C'est tellement de son honneur desmise
Qu'enuers vous a mainte faulte commise
C'est à la Royne a qui cecy s'adresse
Qui tous les iours auec plusieurs ne cesse
Prandre desduictz, & volupté lubrique
En la façon d'une femme publicque
Car quand l'ung a acheué sa iournée
Vng aultre apres vient a l'heure assignée
Et puis vng aultre ainsi passe le iour
En son lascif, & infame seiour
Et quand la nuict a part vous retirez
Elle a soubdain ses mignons attirez.
  Son frere n'est entre iceulx le dernier
Maurus, & Marc, ne vous sçauroient nyer
Qu'ilz n'ayent souuent auec elle passée
Maintes nuictz seulz sans l'auoir prochassée
Car elle mesme a ce les incitoit
Et par presens & charesse excitoit
SIRE plusieurs sont comprins en ce nombre
Car par le temps descouuriront les choses
Qui sont encor' en secret encloses
La plus grand part par Marc au vray sçaurez
Et ce pendant SIRE vous garderez
Que mis ne soit a execution
Le triste effect de leur intention.

           c

Car Maurus à la Royne iuré
De l'espouser i'en suis bien asseuré.
 De ce recit nouueau,& tant estrange
Le Roy s'estonne,& la couleur luy change
Et demoura en son esprit doubteux
D'auoir ouy vng propos si honteux,
Mais à la fin parlant aux gentilz hommes
Leurs dist ainsi,Dieu a qui subiectz sommes
O mes amys m'a monstré au besoing
Qu'il a de moy,& de mon honneur soing,
Puis qu'a voulu a ce vous inspirer
Que voulussiez ces cas me declairer
En ce m'auez faict seruice aggreable:
Mais s'il aduient qu'il ne soit veritable
Vostre rapport ce que croyre ne veulx
Peine de mort recepurez au lieu d'eulx
Ainsi le Roy peu a peu donna Foy
A ses Seigneurs sans regarder la Loy
Aux mesdisans de la Royne ordonnée
Qui ne se sceut tant estoit infortunée
Que descouuert soit au Roy le mystere
De tout le cours de son grand vitupere
Mais comme si elle eust le vent a gré
Estoit sur iour en vng verdoyant pré
Ou beau iardin,ou parc prenant esbat
De veoir de chiens,& bestes le combat
Le seoir le bal,& melodies grandes
Des instrumens sonnans en plusieurs bandes.
 Le Roy aussi luy faisoit traictement
Comme s'il n'eust nul mescontement

D'ANGLETERRE.

Et luy monstroit d'une façon entiere
Plus que jamais, & auec priuée chere
Et ce pendant Marc estoit en prison
Que l'on faisoit ja rendre raison
Du cas estant contre luy imposé
Et sans torment d'ung sens bien reposé
Dist que d'amours a la Royne poursuyue
Et que troys fois au couuert l'escripue
On peut ce dict & deposition
Pour faire foy de l'accusation
Enuers le Roy, qui alors creut le faict
Et du rapport demoura satisfaict
Qui de ce ne faict aulcun semblant
Mais s'esiouist tous plaisirs assemblant
Et mesmement le premier iour de May
A Gremie feist droisser vng tournay
Ausquelz plusieurs se meirent au debuoir
De bien combatre, & honneur recepuoir
Entre lesquelz Meilhort de Rochefort
Frere à la Royne employa son effort
De rompre lance, & faire grand prouesse
Et bien voller son cheual par adresse
Maurus aussi du Roy le myeulx aymé
Se presentoit sur les rains bien armé
Mais son cheual qui mieulx estoit propice
Pour les Tournays reffusa lors la lice,
Et reculloit comme s'il eust cogneu
Le grand malheur a son maistre aduenu
Et qui souloit estre braue, & fier
Ne se voulut alors glorifier.

C 2

Le Roy estant a ce tournay present
Voyant cecy a Maurus feist present
De son cheual lequel pourtant sçauoit
Que le garder longuement ne pourroit
Qui toutesfois feist tant d'armes qu'il eust
Autant d'honneur que nul aultre qui fust.
Mais Gaston, Bruton pareillement
Le Roy sur tous se iouoyt premierement
Et leur faisoit mainte caresse humaine
Dissimulant leur ruyne prochaine
La Royne estoit en hault lieu qui veoit
Les combatans, & souuent enuoyoit
Ses doulx regards pour accroistre le cœur
A chascun d'eulx pour demourer vaincueur
Dont nul estoit qui n'eust bien entreprins
Par grand honneur d'en emporter le pris,
Mais non sçachans les paoures fortunes
L'extremité ou estoient fortunez
Car tost apres qu'il furent departiz
De ce tournay archiers sont aduertiz
De prendre au corps premierement Maurus
Dont furent tous esbahiz, & marriz
Veu sa vertu, & sa grand priuaulté
Du Roy qu'il eust comme desloyaulté
Le Roy voulut plus tost a luy parler
Qu'il ne le feist en sa prison aller
Et par doulceur grande luy veult offrir
Que mort ne mal ne luy feroit souffrir
Et le lairroit pourueu de ses estatz
Combien qu'il fust coulpable des cas

Si luy vouloit dire la verité
Ou aultrement tant seroit irrité
Qu'il le feroit mourir de mort cruelle
Si contre droit soustenoit sa querelle
Et luy monstra qu'il estoit accusé
D'auoir souuent auec la Royne vsé
De ses plaisirs, & que par plusieurs nuictz
Auec elle auoir prins ses desduictz.
 A quoy respond Maurus qu'on n'auseroit
Luy maintenir, & que prouue feroit
De sa personne en tous lieux du contraire:
Et si le Roy le debuoit faire taire
Le cœur du corps, & l'ouurir tout viuant
Qu'il ne disoit ce dont n'estoit sçauant
Ainsi fut prins, & ferré dans la Tour
Dont peu de gens esperoient bon retour
Car c'est le lieu le plus espouentable
De ce pays, & le plus redoubtable.
 La Royne apres, par le Duc de Nerfort
Le iour suyuant fut conduicte en ce fort
Par qui luy fut la cause racomptée
Parquoy estoit en la Tour arrestée:
Son frere aussi ce iour y fut mys
Qui n'estoit lors sans plusieurs ennemys
Disans que bien il auoit merité
De ce trouuer en ceste extremité.
Maistre Gaston, & Bruton le suyuirent
Parge, & Oy, & ce mesme chemin feirent
Vous eussiez dict que par deuotion
On les menoit en la procession.

Soubdain le bruit s'espend en la Cité
Qui s'esiouist de la diuersité
Esperant que maintenant ioyroit
De la princesse, & que mise seroit
En son estat dont elle estoit chassée
Par le moyen de ceste ores laissée
La vieille estoit attendant sa venuë
De grand plaisir & ioye toute esmeuë
Et n'eussiez veu iusques aux petitz enfans
Que tous chantans, & danse triumphans
Et n'y a cœur si triste qui ne rie
En attendant la Princesse Marie
Et toutesfois encores ne bougea
De son logis, & point ne se vengea
Blasmant la Royne en aulcune maniere
Quant entendit qu'elle estoit prisonniere
Ains alors dist par humaine pitié
Or pleust a Dieu que si grand amytié
Elle eust portée au Roy qui n'eust point
Mis son honneur, & sa vie en ce poinct,
Mais puis qu'elle est en ce triste accident
Ie prie a Dieu qu'il luy soit aydant
Et si sa fille est au Roy, ie promectz
Qu'a mon pouuoir ne luy fau'dray iamais
Ainsi le cœur de ceste bonne Dame
Ne s'esiouist d'ouyr le grand diffame
De celle qui plus que aultre luy nuysoit
Mais en tous temps tousiours se conduisoit
En mesme estat tant en l'aduersité
Qu'en la saison de sa prosperité

D'ANGLETERRE.

Et se monstroit en ses façons tant vne
Ou pour contraire, ou pour bonne fortune
Et qui plus est pour tristesse, ou dommaige
Ne changea oncques la couleur du visaige,
Ains quand l'ennuy plus en elle croissoit
Sembloit alors que plus embellissoit
Et croy que Dieu qui son bon cœur regarde
La tousiours mise & tenuë en sa garde,
Car sans luy iamais n'eust sceu resister
Au traictement qui luy failloit porter
Viuant priuée estant du tout bannie
Hors du plaisir de bonne compaignie
Tant que parler a elle nul n'ausoit
Premierement si au Roy ne plaisoit
Qui la souloit auant le changement
Traicter en fille aymée vniquement
Ainsi viuoit seule passant le temps
A prendre tous vertueulx passetemps
Se persistant par vne grande prudence
De recepuoir de Dieu la cognoissance
Puis a sçauoir raison du mouuement
Et le secret de tout le firmament
Du monde aussi lascention
Des elemens l'association
Puis saigement auec mathematique
Mettoit raison moralle & politicque
Puis aprenoit Latine, & Grecque lettre
Par Oraison, histoyre, & par mettre
Tellement que les sciences confuses
Sembloient en elle estre du Ciel infuses

Et combien que semble estre suffisant
Petit sçauoir est beaucoup mieulx duisant
Selon l'estat de feminin vsaige
Le faisoit pour asseurer son couraige
Et pour garder que sa fragilité
Ne se laissast rompre d'oysiueté
Ainsi vertu sa constance asseuroit
Et ce pendant le peuple demouroit
Presque rauy d'aise de l'esperance
Qu'auoit de brief recouurer la presence
Tant que le Roy ne sceut sans auoir crainte
Voyant les gens, & assemblée mainte
Que ne suruint quelque commotion,
Mais quand il veit que celle affection
Et grand desir de recepuoir la princesse
Qui cause au peuple vne si grande presse
Pour leur donner quelque contentement
Remercier les feist benignement
De ce qu'elle auoit bien experimenté
Leur cœur entier, & bonne volunté
Enuers sa fille, & enuers luy aussi
Mais qu'il n'estoit besoing d'auoir soulcy
De ce retour, car auant peu de temps
Ilz en seroient satisfaictz, & contans
Et ce pendant qu'en ceste confience
Pour quelque iour ilz eussent patience
Ainsi en doueil laissa se conuertir
Du paoure peuple, & confuz s'en partit
Pour le regret de leur bien pretendu
Qui tant auoient de bon cœur attendu

Et

Et la princesse seit encore demeure
En son chasteau, & sera iusques a l'heure
Qu'elle sera par le parlement remise
En son estat ou elle est tant requise
Ce temps pendant la Royne estoit au lieu
Ou n'esperoit plus secorus que de Dieu
Et veoit plus il n'est temps qu'elle se fonde
Au vain espoir de ce muable monde
Mais en Dieu seul met toute sa fiance
Comme si sceust de sa fin prescience
Et lors que moins en sa vie se fie
Auecques Dieu lors plus se fortifie
Mesmement quand les Seigneurs deputez
Ont tous les cas contre elle recitez
Qui la rendoient coulpable de la mort
Rien ne confesse, & ne resistoit fort
Comme voulant presque estre deliure
De viure icy pour aux cieulx aller viure
Et l'esperit en elle tant surmonte
Que de la mort ne tient plus aulcun compte
Qui toutesfois n'oblie sa grandesse
A ses Seigneurs parlant comme maistresse
Et dauant eulx se monstre autant constante
Comme estant Royne en honneur triumphāte
Qui ne fut pas sans beaucoup s'esbahir
Ceulx qui estoient la venuz pour l'ouyr
Lesquelz apres l'auoir interrogée
Pour au proces faire fin abregée
A Rochefort son frere presenterent
Les dictz de ceulx qui au Roy l'accuserent

d

De quoy il feist moins compte que de rien,
En leur disant que desia sçauoit bien
La mort luy estre en brief temps preparée
Et que pour vray la tenoit asseurée
Parquoy en rien ne dissimuleroit
La verité qu'on luy demanderoit:
Mais quant au cas qu'on luy a mis auant
Par son serment les yeulx au ciel leuant
Dict qu'ilz sont faulx, & que ne sont que songes
Ont meschamment cõtrouuées de mensonges.
 Apres ces faictz a Maurus sont venuz
Que telz propos ainsi leur a tenuz
Et ne confesse en rien n'estre coulpable
Gaston, Bruton, ont faict tout le semblable
Tant que tous ont les cas desaucuez
Fors Marc, qui ia les auoit aduouez.
Apres ce faict pour tout remedier
A vie, ou a mort, & les expedier
Le Roy commande en faire iugement
On aduertit ses quatre ensemblement
Gaston, Bruton, Maurus, Marc, que le iour
Celuy suyuant partiroit de la Tour
Pour recepuoir leur condemnation
A droict, ou tort, ou absolution.
Et par cecy la façon pourrez veoir
Qu'ilz ont icy pour a tel cas pourueoir.
 Premierement la cause fut monstrée
A douze estans de la mesme contrée
Et de l'estat pareil aux accusez
Pour veoir si point debuoient estre excusez,

Qui dirent tous que raisonnablement
Sont detenuz en emprisonnement
Et lors fut dict en ces lieux intimez
Puis que les douze sont estimez
Suspectz d'auoir contre la maiesté
Par trahison quelque chose tenté
Apres cela tous quatre sont menez
Par les Archiers pour leur garde ordonnez
Ains tousiours deuant eulx vne hache
Qui est le signe affin que chascun le sçache
En le voyant si l'estat de l'affaire
Sera pour eulx, ou contraire, ou prospere
Car en allant elle tourne le doz
Vers eulx, & puis est tousiours en repoz
Tant que soient tous les iugemens finiz
Et puis si sont coulpables diffiniz
Qu'on dict Gilty en ce commun langaige
Le trenchant lors se tourne a leur visaige
Qui est le vray & magnifeste signe
Qui leur malheur aux assistans assigne
Car dauant eulx ne se trouueroit pas
Le trenchant si absoulz estoient du cas.
Ainsi s'en vont pour ouyr leur sentence
Les prisonniers en publique assistance
A ce mestier le lieu accoustumé
A iuger ceulx de qui est presumé
Par quelque effect d'apparante raison
Enuers le Roy ayant comme trahison
Et la deuant tout le Conseil priué
Qui pour ce faict y estoit arriué.

Leuës leurs sont les informations
Pour faire foy des accusations
Et quand ce faict ont assez plaidoyé
Les gens du Roy, & ceulx cy ont nyé
Le contenu aux charges criminelles
Les accuseurs disent raisons nouuelles
Ausquelz ceulx cy respondent si leur semble
Lors du Conseil douze encores ensemble
De la contrée, & lieu dont sont natifz
Et de l'estat de ces paoures captifz
Pour voir si par les proces entenduz
Les prisonniers sont culpables renduz
Qui pour raisons peuuent premierement
Les recuser mais que soit promptement
Ce neantmoins chascun d'eulx se contente
Des Iuges, que le Conseil leur presente
Qui font alors par solennelle promesse
Sur leur honneur, & la Foy de noblesse
Mettant la main sur l'escripture saincte
Que par courroux, faueur, ou par crainte
Nul d'eulx sera a iuger incité
Que par le droit de cogneuë equité
En baisant lors du crucifix l'imaige
Si plaidoier ilz veullent dauantaige
Dauant que soient les douze retirez
Ilz pourroient ainsi sont separez
Ces douze en lieu ou puissent mieulx cognoistre
Quel droit leur semble en ce cas mieulx apparoi-
Lors qu'ilz se sont tous en accord mis (stre
Et que sont tous ensemble d'ung aduis

D'ANGLETERRE.

Estans venuz deuant le tabernacle
Tout haultement en public spectable
S'ilz sont guilty, ou non en leur demande.
L'on dict guilty soubdain la hache grande
Tourne l'endroit du trenchant vers la face
Des prisonniers nul n'est lors qui ne face
Plusieurs regretz voyant le desconfort
De ses Seigneurs condamnez à la mort
Laquelle quand les douze ont rapporté
Le Chancelier leurs a lors decreté
La peine que selon leur Loy
Aux condamnez du crime enuers le Roy.
 Premierement, qui est d'estre penduz
Sans estrangler, & puis apres fenduz
En ceste triste, & piteuse maniere
Sont ramenez en leur prison premiere
Qui n'estoit pas sans beaucoup estre plains
Et mesmement on faisoit de grands plains
Du paoure Gaston, qui estoit de ieune eage
Yssu du hault & ancien linaige
De bonnes meurs, & graces tant puissant
En lice, ou Bal a saulter tous effaçant
En ieu de paulme, & grand perfection
Des plus adroitz de ceste nation
Et de tous biens en luy tant abondoit
Que ce pays tout honnoré rendoit
Mais ses vertueulx ne peuuent rien valloir
Pour incliner du Prince le vouloir
Qui tant se sent touché de leur offense
Que nul pour eulx en ause faire instance

Sinon sa mere en grand doueil oppressée
Qui humblement au Roy s'est adressée
Sa femme aussi offrant entierement
Ses biens trestus pour son deliurement
Mais le Roy veult que soit executée
De leur proces l'ordonnance arrestée
Et si largent pour luy eust eu puissance
D'escuz cent mille eust fine la cheuance
Ainsi sont tous en la prison remis
N'esperant plus ayde de leurs amys
Chascun de bien mourir se delibere
Comme prenant vne mort voluntaire
Chascun vers Dieu esleue sa pensée
En attendant que luy soit annoncée
L'heure de mort, & que soient despeschez
Et ce pendant Meilhors sont empeschez
Selon l'estat dessus mentionné
Pour Rochefort qui n'est point estonné
Mais de bon cœur attend l'aduenement
Ou de sa vie, ou diffinement
Et si iamais parauant il eust force
A son couraige adonc plus se renforce
Et tant plus a le cœur constant & ferme
Que plus se veoit aprocher de son terme
On le vouloit par honneur exempter
De le mener iuger a Vbemeslier
Et aussi pour la Royne accompaigner
Que dans la Tour ou vouloit condamner.
Quant doncil fut venu en la presence
De ses Meilhors, & qu'en grand reuerence

D'ANGLETERRE.

C'est presenté pour estre obeissant
A leur aduis l'ung vient la voix haulsant
Qui son messaict blasme publiquement
Vng aultre apres blasme plus asprement
Vng aultre apres ses offenses augmente
Vng aultre apres de noueau le tormente
Quant il se veoit presser de tous coustez
Sans se troubler les a tous escoutez.
Et puis apres auoir bien retenu
De leurs discours au vray le contenu
Vng peu pensif auant parler se tient
Et ses yeulx bas quelque espace retint
Puis saigement en hault les a dressez
Vers les Meilhors, & telz motz prononcer.
Ie n'atendz pas Seigneurs, que de la peine
Que ie me voy estre briefue & certaine
Excusé soye par la triste harengue
Que proferer veult ma debile langue,
Car si tout seul en ce feusse comprins
En ce messaict du quel m'auez reprins
Crainte de mort ne m'eust sceu aduancer
Pour vng seul mot me faire commencer:
Mais cognoissant que ma dure infortune
D'auec ma sœur n'est esgalle, & commune
Contrainct ie suis selon ma conscience
Vous demonstrer de nous deux l'innocence
Et combien que tant i'estime & redoubte
Vos iugemens que ne face aulcun doubte
Que soient par vos raisons apparentes
Pour me iuger trouuerez suffisantes

Et par l'aduis seulement d'une femme
Croire voulez en moy vng si grand blasme
Que par l'effect de sa presumption
Determiner ma condemnation
Veu mesmement Seigneurs que bien sçauez
Que compaignon long temps tenu m'auez
En mesme estat, & mesme authorité
Et ne vouldrois que vostre dignité
Par suspection de telle opinion
Feust ainsi mise en disputation
Si veulx ie encor' plus oultre me defendre
Et de mes faictz telle raison vous rendre
Que certain suis quand vous m'entenderez
Tout innocent du crime me tiendrez.
 Mais humblement ie prie la bonté haulte
Du createur que selon que ma faulte
Mectra il vous vueille inspirer
Que iustement la puissiez declarer
Apres ce dict il commence a reprendre
Les dictz de ceulx qui le vouloient surprendre
En leur discours recite asseurement
Et puis a tous respond discrettement
De poinct en poinct sans nul ordre confundre
Tant qu'on ne veit oncq mieulx respondre
Non pas Maurus mesmes qui d'eloquence
Et de sçauoir auoit tant d'affluence
Ne se monstra en ces cas necessaires
Respondant mieulx a tous ses aduersaires
Et par la fin de ses propos maintient
Que de tous ceulx que la terre soustient
         Nul

Nul est qui sceust par raison depposer
Que d'aulcun cas ilz l'ayent veu abuser
Auec la Royne, & qu'il la reuerée
Tousiours en sœur, & en Dame honorée:
Et sur ce poinct inuocque la clemence
De Dieu pour toust en faire l'euidance.
Apres auoir son droit bien debatu
Et les raisons contraires rabatu
Assemblez sont les iuges pour sçauoir
Se viure doibt, ou la mort recepuoir:
Trouuez se sont d'oppinion diuerse
Mais à la fin l'une l'aultre renuerse
Tant qu'ilz se sont en vne confermez:
Ainsi sortans dont estoient enfermez
Le Meilhort Duc de Norfort presidant
Au iugement de ce paoure attendant
Combien qu'il fust son oncle maternel
Leur demanda s'il estoit criminel
Et s'il estoit coulpable, ou non trouué
Vng luy respond que coulpable est trouué.
Quant Rochefort entendit qu'il estoit
A mort iugé, & que plus ne restoit
Que de pourueoir, ou disposer son ame
Et ne s'esmeut, & les iuges ne blasme
Mais seulement les prie de tant faire
Enuers le Roy, qui vueille satiffaire
A ses amys, qui luy auoient presté
De leur argent en sa necessité
Veu mesmement qu'on luy debuoit autant
Qu'il en debuoit, & que payé content

e

Seroit le Roy de tous ses debiteurs
Qu'il eust esgard aux paoures crediteurs
Et ce pendant en Dieu deliberoit
Que de bon cœur elle mort souffriroit
Le presidant luy a lors proferée
Peine de mort par la Royne referée
Et puis remis est au lieu dont partit
Soubdain apres vng huissier aduertit
La Royne pour au iugement venir
Qui ne se veult que de Dieu soubuenir
Et ne faict cas de chose qui luy touche
Mais plus se tient constante qu'vne souche
Qui ne craint gresle, ou vent impetueulx
Elle s'asseure & prend cœur vertueulx
Plus que iamais, & ores ne veult craindre
Ceulx qu'elle a peu au parauant contraindre
Ainsi s'en vient auec ses Damoyselles
Non comme pour defendre ses querelles
Mais elle tient vne grace, & maintien
Comme venant a l'honneur d'ung grand bien
Estant venuë, & que tout saluée
Tous les Meilhors ne s'est point oubliée
De leur vser d'honnesteté requise
Puis doulcement en sa chaise s'est mise
Et commence encontre elle a disputer
Et plusieurs cas imfames imputer
Elle defend son honneur sobrement
Sans se troubler, mais plus constantement
En son visaige asseuroit sa raison
Que ne faisoit par force d'oraison

Car peu parloit, mais qui la gardoit
Coulpe, ne crime en elle n'atendoit
Et quant ouy les iuges ont assez
Le demene de ce piteux proces
Il luy ont dict qu'il fault que se demette
De la couroune, & qu'en leurs mains la mette
Ce que soubdain a faict sans resister
Sans toutesfois iamais se desister
De son propoz qu'en vouloir ay perfaict
Contre le Roy iamais n'auoit faict
Apres cela ordonne que contesse
Ne sera plus Marquise, ne Princesse
Vng tiltre aulcun de dignité donnée
Au parauant quelle fust coronnée
Elle n'atend plus leur commandement
Mais renonce a tous biens promptement
Leur dist que puis que par la voulunté
Du Roy tenoit, Marquizat, & Conté
Ne luy greuoit pour obeir au maistre
De reuenir comme elle souloit estre.

 Premierement, mais que par sa creance
N'a contre luy commise aulcune offence
Pour faire fin au propoz commancé
Les iuges ont tant l'affaire aduancé
Qu'ilz sont d'aduiz pour resolution
Faire du mort determination
Apres qu'ilz l'ont coulpable publiée
Et que luy a de peine mort liurée
Le presidant Meilhort duc de Nerfort
Pour endurer de l'espée l'effort,

Ou bien du feu selon le bon vouloyr
Du Roy n'a faict semblant de se douloyr,
Mais eussiez dict qu'elle auoit deuant veu
Le iugement qu'ores elle a receu
Car en sa face on ne veit changement
Ne sa façon, ne maintien nullement,
Mais rendit graces a Dieu a ioinctes mains
En luy disant, o Pere des humains
Tu es la voye, & vie, & verité,
Tu sçays si i'ay ceste mort merité:
Puis se tournant vers les iuges leur dist
Dire ne veulx iniuste vostre edict
Ne presumer que tant soit raisonnable
Mon seul aduis qu'il doibue estre vallable
Contre vous troys, & croy que bien sçauez
Raison pourquoy condamnée m'auez
Aultre que n'est telle qu'auez desduict
Au iugement, car ie suis du tout quicte
Et ne requiers que Dieu le me pardonne
Ne pour iamais grace aulcune me donne
Car i'ay esté tousiours au Roy fidele
Ie ne dy pas que i'aye esté telle
Ne que porté luy aye humilité
Comme ie deburoys veu son humanité
Et grand doulceur de quoy vers moy vsoit
Et grand honneur que tousiours me faisoit
Et que souuant qu'aye prins fantasie
Encontre luy de quelque ialousie
En ce cognois que vertu m'est faillie
Et de debuoir de raison suis saillie:

Mais au surplus Dieu soit le tesmoignaige
Que contre luy n'ay messaict dauantaige
Et pour certain plus n'en confesseray
Le mesme iour que la mort souffriray:
Et ne pensez que cecy ie vous die
Pour quelque espoir de confermer ma vie,
Car ie me suis bien apprinse a mourir
Auec celuy qui de mort peut guarir
Qui par sa grace a ma Foy retenuë
Et ma foiblesse au besoing soubstenuë
Mais ie ne suis encore tant rauie
En l'esperit, que honneur ne me conuie
A soubstenir ses raisonnables droictz.
Du quel Seigneur peu de compte tiendrois
Pres de ma fin si en vie ne laisse
Bien confirmée quelque Royne que fusse
Et pource veulx que ce dernier parler
Ne soit que pour mon honneur consoler,
Et de mon frere, & de ce que iugez
Auez a mort, & d'honneur estrangez
Tant que vouldroys que les peusse defendre
Et deliurer pour coulpable me rendre
De mille mors, mais puis qu'il plaist au Roy
Ie recepuray la mort en ceste foy,
Et leur tiendray en la mort compaignie
Pour puis apres en la vie infinie
Viure auec eulx en eternel repos
Ou prieray Dieu pour le Roy, ou pour vous:
Parce propoz elle a voulu finir
Sa triste vie, dont nul s'est peu tenir

Et encores ceulx qui luy portoient grand hayne
D'auoir pitié de ceste paoure Royne
Qui humblement Meilhors remercioit
Et de bon cœur le peuple supplioit
En leur proces auoir quelque partie
S'en retourna dont elle estoit partie
Les prisonniers ce pendant se disposent
Pour bien mourir,& leur fardeau composent
Pour toust partir de misere parfonde
Et voyaiger au lieu de l'aultre monde
Ilz ont receu trestous deuotement
Auant mourir le diuin sacrement
Puis tost apres on leur a assigné
Iour pour souffrir,& le lieu designé.
Et quant venu fut leur malheureux iour
Par les Archiers sont tirez de la Tour
Et droitz menez au lieu de sacrifice
Lors Rochefort comme le plus propice
Pour ses amys en Dieu reconforter
Les embrassant les vient admonnester
Ensemblement,& puis chascun a part
De constamment endurer se depart
Et de bon cœur recepuoir ceste peine
Pour auec Dieu gaigner l'heureuse estraine.
Lors se baisans se sont recommandez
A Dieu,& puis tout pardon demandez
Ainsi sont venuz sont au lieu pour souffrir
Rochefort s'est voulu premier offrir
Comme portant l'enseigne de victoyre
Contre la mort,car vous ne sçauriez croyre

D'ANGLETERRE.

La grand vertu de quoy le mesprisoit
Et la façon de quoy se conduisoit
Veu qu'il feust en la veuë publique
Ne cessa vser de Rhethorique
Mais simplement pour exhortation
Ainsi parla amys l'intention
Qui ma mene icy presentement
N'est pas pour vous faire aulcun preschement
Mais pour souffrir la mort qui m'ordonnée
Fut par la Loy, & puis qu'abandonnée
Tant est ma vie en l'estat que voyez
Ie vous supplie mes derniers motz oyez
Mesmement vous Messeigneurs de la Court
Ne vous fiez en ce regne si court
Et n'esperez pas tant à la faueur
Des grans honneurs, & priué faueur
Des Roys qui plus en celuy ne pensez
Qui vous rendra trop mieulx recompensés
C'est Iesuchrist, qui m'auoit faict la grace
Que ie tenoys pres le Roy telle place
Qu'auez vous veu, & pour plus m'obliger
Et deuers luy mon esprit renger
M'auoit donné de sa Foy cognoissance
Mais i'ay tant eu en moy mesmes fiance
Et aux honneurs, & biens que i'ay tenu
Que ie ne l'ay, ne sa Foy recogneu
Et que ay esté comme ceulx qui preschent
Veulent la Foy sans point en aprocher
Ainsi pour mieulx vers luy me ramener
Il luy a pleu mes faultes guerdonner

De ceste mort,& me faire sentir
Que c'est a luy qu'il se fault conuertir.
Ie vous prie donc qu'ung chascun me cõtemple
Et que ie soye pour tout certain exemple
Vous suppliant ainsi que d'ung accord
Me pardonnez mes faultes à ma mort.
Ainsi fina ses propos,& ce dict
Qu'enuers le Roy eust messaict,ou mesdict:
Mais pria Dieu,qu'il le tint longuement
En vie,& heur,& en contentement.
Et quant eut dict au peuple y assistant
Priez pour moy en visaige constant
Et ferme cœur sa teste presenta
Au dur trenchant,que d'ung coup l'emporta:
Les quatre qui restent encores apres
Ne dirent rien,comme si par expres
A Rochefort eussent donné creance
De parler seul selon leurs consciences
Sinon que Marc,qui tousiours persistoit
En son propos,& au peuple attestoit
Que celle mort recepuoit iustement
Pour ses messaictz,ainsi finablement
Apres les quatre y suyuant leur chemin
Receut le coup de sa piteuse fin.
 La Royne estant en contemplation
De Iesuchrist,& de sa Passion
Et attendant sa iournée derniere
Se presenta par deuote maniere
Au sacrement,puis annoncé luy fut
Le iour de mort dont nullement s'esmeut

Mais

Mais se monstroit plus que dauant ioyeuse
Et si fut faict encores curieuse
Que demander voulut sa patience
De cinq Seigneurs, & de leur asseurance:
Quelqu'ung luy dict que son frere auoit eu
Plus grand vertu que oncques ne fut veu,
Les quatre aussi, mais que Marc dict auoit
Qu'il meritoit la mort qu'il recepuoit.
La Royne alors de face vng peu changée
Ne m'a il point dist elle deschargée
Auant mourir du public diffame
Qu'il m'auoit faict (las i'ay peur que son ame
En soit en peine) & que pugnition
Souffre de sa faulse confession,
Mais de mon frere, & des aultres ie croy
Qu'ilz sont dauant la grace du Roy,
Ou s'il luy plaist les accompaigneray
Lors que demain ce monde laisseray.
Le iour apres attendant qu'aprochast
Ce bruit pria que nul ne l'empeschast
Pour ce matin, & qu'on la laissast faire
Auec Dieu sans troubler son affaire
Ainsi se mist seule en son Oratoire
Pour confirmer sa derniere memoyre
En Iesuchrist, pensant que ce iour deust
Souffrir la mort, Quant elle aperceust
Que ia passée estoit l'heure donnée
En son esprit se trouua estonnée
Et se monstra alors d'estre ennuyée
Qu'on luy auoit son heure distrahée

f

Non que la mort fust d'elle desirée
Mais luy sembloit qu'elle estoit preparée
Pour bien mourir, & craignant que langueur
Ne l'afoiblist, & la mist en langueur
Ainsi vng peu d'elle se deffioyt
Mais en Dieu seul du tout se confioit
Tant que voyant ses dames tournées
De grand ennuy les a reconfortées:
Par plusieurs foys leur disant que la mort
Aux bons chrestiens n'a besoing de reconfort
Puis que la vie eternelle est aux cieulx
Hors du danger du monde vicieulx
Et parce point ne doibuent sa mort plaindre,
Car elle espere asseurement atteindre
Aux lieux heureux, & de prosperité
Laissant icy toute infelicité
Ainsi elle ha a ses Dames apris
Qu'il fault auoir ce bas monde a mespris
Ou tout est vain, caduc, & transitoire
Pour aspirer a eternelle gloire:
Et tellement les a toutes rauies
Qu'elles ne font plus estimes de leurs vies
Mais disent tous que si Dieu le vouloit
De viure plus icy ne leur chailloit
Et bien vouldroient s'en aller auec elle
Pour le maintien de sa iuste querelle
Et leur respond qu'il leur failloit attendre
La volunté de Dieu sans entreprendre
Rien que par luy, & que l'ayent pour guide
N'auront iemais affaire d'aultre ayde

D'ANGLETERRE.

Et les prioit que eussent a souuenance
Ses dictz, mais non si fragile imprudence
Par ses sermons ainsi les instruyoit
Et de bon cueur a tant que veu soit
Le iour suyuant, Et quant le Capitaine
Dire luy vint que l'heure estoit prochaine
Et qu'il estoit temps que si disposast
Elle luy dist que luy mesmes aduisast
De s'acquiter de sa charge & vouloir
Car des long temps Dieu a voulu pourueoir
A luy donner couraige & fermeté
Pour resister a plus grand cruaulté
Ainsi s'en va au lieu de son suplice
Pour obeyr au vouloir de iustice
Tousiours monstrant vng visaige constant
Comme le monde en rien le regretant
Car sa couleur, & sa face estoit telle
Que ne fut oncques de tous veuë si belle
Par grand doulceur que de ses yeulx rendoit
Et soubzriant le peuple regardoit
Auquel soubdain qu'elle fut arriuée
Sur l'eschaffault d'une grace priuée
Sans s'effrayer a sa voix adressée
Qui toutesfois se trouue vng peu pressée
De la foiblesse en elle dominant:
Mais peu a peu sa force reprenant
Et asseurant sa debile façon
Feist de sa voix sortir de piteux son.
 O mes amys, amys & plus que freres
Puis qu'auec vous ie ne puis estre guieres

Et que finy eſt le cours de mes parens
Ie vous ſupply que ne ſoyez deſplaiſans
Et me vueillez pardonner de bon cœur
Si ie n'ay point vſé de la doulceur
Enuers vous tous ſelon que ie debuoys
Veu le pouuoir,& moyen qu'en auoys,
Et vous prie tous que par fraternité
De chreſtienne,& vraye charité
Me departez vos prieres deuotes
Enuers Ieſus,affin que par les notes
De mes pechez n'en ſoit point maculée
Mon ame apres que m'en ſeray allée.
   De vous narrer pourquoy ie ſuis icy
Ne ſeruiroyt pour vous,ne moy auſſi
Parquoy me taiz,mais le iuge du monde
En qui iuſtice,& verité abunde
Cognoiſt le tout,lequel d'affection
Ie prie qu'il vueille auoir compaſſion
De ceulx qui m'ont a ceſte mort iugée
Et quand d'icy ie ſeray deſlogée
Souuienne vous que ie vous recommande
Voſtre bon Roy,en qui i'ay veu ſi grande
Humanité, & comble de tous biens
Crainte enuers Dieu, amour enuers les ſiens
Et grans vertuz leſquelles ie reſerue
Qu'eſtes heureulx ſi Dieu vous le conſerue.
Priez donc Dieu que longuement le tienne
Auec vous,& auſſi que m'aduienne
Sa grace pour me tirer auec luy
Et recepuoir mon ame ce iourdhuy

Ce fut la fin de sa foible parolle
Qui toutesfois le peuple ainsi consolle
Fort desollé de veoir la paoure Royne
En tel estat menée en ceste peine
Car n'est aulcun qui n'ayt ferme sperance
Que ne sera son esprit en souffrance
Veu sa grand Foy, & patience saige
Qui surmontoit de femme le couraige:
Ce neantmoins, qui la veult regarder
Par grand pitié ne se sçauroit garder
De se douloir, & tant plus que croissoit
Son ferme cœur tant plus amoindrissoit
Aux assistans, qui ne pouuoient tenir
Les pleurs, que bien elle a sceu contenir.

 Quant la Royne eut elle mesme bessé
Son blanc collet, & chapperon laissé
Pour ne donner au coup empeschement
Se vint iecter a genoulx humblement
En prononçant ceste voix plusieurs foys
Christ, ie te prie mon esperit reçoys:
O grand pitié l'une des damoyselles
Iectans sans fin larmes continuelles
Vint au dauant pour faire le seruice
De son dernier & pitoyable office
Et son visaige ha d'ung linge voylé
Le maistre alors luy mesmes desolé
Et perturbé de l'execution
Se contraignant pour satisfaction
Le dernier coup d'une espée visa
Dessus le col, qui soubdain diuisa

La teste & corps furent par les dames
Qu'eussiez iugées estre presque sans ames
Pour la langueur & extreme foiblesse
En quoy estoient, mais craignãt leur maistresse
Estre tenuë, & touchée de mains
Indignement des hommes inhumains
A ce besoing encores s'esforcerent
Et ce corps mort presques mortes porterent
Enueloppé d'une blanche clusture
Iusques au lieu de triste sepulture
Dedans la Tour, ou estoit prisonniere
Qui fut aussi sa demourée derniere
Son frere estoit ensepuely au pres
Ouaston, Maurus ensemblement apres
Bruton, & Marc aussi mis en vng comble
Faisant du lieu la sepulture double
Les Dames lors dolentes separée
Semblent brebiz sans pasteur esgarées
Qui toutesfois ne seroit longuement
Sans reuenir au premier traictement
Car ia le Roy s'est mis en fantasie
De l'amytié d'une chysie
Et par cecy Monseigneur
Accõplie est la grãde part de quelque prophetie
Laquelle on tient icy pour veritable
Pource que n'est aduenu cas notable
Que bien ne l'ayent par icelle cogneu
Au parauant qu'il ne soit aduenu.
Plusieurs grands cas sont encores predictz
Lesquelz se peuple asseure par ses dictz

Si ie les voy ailleurs ie les croyray
Et bien au long vous en aduertiray
Car onc n'aduint des nouuelles pareilles:
Aussi dict on, que c'est l'an des merueilles,
Mais ie prie Dieu, que tout soit moderé
Par tel moyen, qu'il en soit honoré
Cecy fut faict a Londres, ce deuxiesme
Du moys de Iuing, en l'an Trentesixiesme.

Fin de l'Epistre, & Proces criminel
de Anne Boullant, Royne
d'Angleterre.

www.ingramcontent.com/pod-product-compliance
Lightning Source LLC
Chambersburg PA
CBHW070709050426
42451CB00008B/568